AF591454

2 Juin 1880.

COLLECTION

DE FEU

M. Edwd BARRY, DE TOULOUSE

OBJETS D'ART

ET DE

CURIOSITÉ

EXEMPLAIRE DE [illegible]

CATALOGUE

DES

SCULPTURES EN IVOIRE

EN BOIS, EN MARBRE ET EN TERRE CUITE

DU MOYEN AGE, DE LA RENAISSANCE ET DES TEMPS MODERNES

Bronzes d'art; Orfèvrerie; Faïences; Verrerie;

Meubles gothiques et de la Renaissance en bois sculpté;

TABLEAUX ANCIENS

COMPOSANT LA COLLECTION

De feu M. Edwd BARRY, DE TOULOUSE

ET DONT LA VENTE AURA LIEU

HOTEL DROUOT, SALLE N° 1

Les Mercredi 2, Jeudi 3 et Vendredi 4 Juin 1880,

A DEUX HEURES.

Par le ministère de **Me CHARLES PILLET,** Commissaire-Priseur,
10, rue de la Grange-Batelière,

Assisté de **M. CHARLES MANNHEIM,** Expert,
7, rue Saint-Georges.

Chez lesquels se trouve le présent Catalogue.

EXPOSITIONS { PARTICULIÈRE : le Lundi 31 Mai 1880.
PUBLIQUE : le Mardi 1er Juin 1880.

De une heure à cinq heures

CONDITIONS DE LA VENTE

La vente se fait au comptant.

L'acquéreur payera *cinq pour cent* en sus des enchères applicables aux frais.

L'exposition mettant le public à même de se rendre compte de l'état des objets, il ne sera admis aucune réclamation une fois l'adjudication prononcée.

ORDRE DES VACATIONS

Le Mercredi 2 Juin 1880

Sculptures en ivoire et en os	1	à	148

Le Jeudi 3 Juin 1880

Sculptures en bois	149	—	176
Sculptures en marbre et autres	177	—	186
Terres cuites	187	—	202
Bronzes	203	—	219
Orfèvrerie	220	—	265
Faïences	267	—	289

Le Vendredi 4 Juin 1880

Verrerie vénitienne	290	—	342
Meubles et panneaux en bois sculpté	343	—	389
Stalles sculptées et sièges divers	390	—	401
Tableaux	402	—	417

Paris. — Typ. PILLET et DUMOULIN, 5, rue des Grands-Augustins.

DÉSIGNATION DES OBJETS

SCULPTURES EN IVOIRE ET EN OS

1 — Figure d'applique en os, découpée en silhouette. — Une danseuse ; les traits du visage sont indiqués au burin. Provenant de Volterra. Étrusque.

Haut., 8 cent.

2 — Fibule antique en ivoire, patine verte.

Haut., 3 cent. 1/2.

3 — Figurine en os sculpté. Femme drapée assise. La tête diadémée. Antique.

Haut., 9 cent.

4 — Autre figurine en os. Femme debout drapée, tenant un oiseau sur la main. Antique.

Haut., 10 cent.

5 — Collier avec figurines en os sculpté, représentant le Jugement de Pâris et les trois déesses. Cinq figurines en tout, plus deux épées et une massue. Très rare et très curieux. Arles.

Haut., 4 cent.

6 — Masque scénique, couleur foncée. Très curieux. Antique.

Haut., 5 cent.

7 — Petite plaque en os; époque chrétienne, représentant le poisson, l'agneau et la croix surmontée de deux colombes. Provenant d'Arles.

Haut., 3 cent. 1/4.

8 — Boucle richement sculptée. Ivoire antique.

Haut., 8 cent. 1/4.

9 — Petite boucle. Ivoire antique. Narbonne.

Haut., 3 cent.

10 — Plaque d'ivoire formant le centre d'un des côtés de la reliure d'un missel; travail archaïque byzantin du Rhin. Très fin et très rare; représentant le Christ en croix, entouré de deux apôtres. Le cadre est enrichi d'ornements repoussés en cuivre doré et ornés de gros cabochons en cristal de roche. x[e] ou xie siècle.

Haut., 18 cent.

11 — Abbé mitré, revêtu du manteau sacerdotal retenu sur le devant par une agrafe ; sa robe est serrée par une longue ceinture ; il tient la crosse d'une main et supporte de l'autre une châsse en forme d'église romane. Ivoire d'un beau travail. xie siècle.

Haut., 26 cent. 1/2.

12 — Plaque allongée, divisée en quatre compartiments. Les quatre évangélistes. Travail très curieux. xiie siècle.

Long., 16 cent.; haut., 4 cent. 1/2.

13 — Grande plaque d'ivoire rectangulaire. Le Christ à nimbe crucifère, chaussé, vêtu d'une chasuble, les deux mains étendues, debout entre huit apôtres sous une arcature. Influence grecque, style roman archaïque, provenant de Burgos. Commencement du xiie siècle.

14 — Plaque formant le centre d'une reliure de livre ; le Christ en croix entre la Vierge et saint Jean ; au-dessus, deux anges ailés. Pièce importante. xiie siècle.

Haut., 13 cent. 1/2.

15 — Diptyque divisé en six compartiments représentant six personnages. Deux anges et les quatre évangélistes. xiie siècle.

Haut., 14 cent.

16 — Plaquette d'ivoire sculptée en bosse représentant le Christ. XIIe siècle.

Haut., 4 cent. 1/2.

17 — Vierge assise, couronnée, portant l'enfant Jésus vêtu, debout sur son genou gauche. Bas-relief, pièce capitale provenant de la collection Soltykoff. Fin du XIIe siècle.

Haut., 18 cent.

18 — Petite plaque, l'aigle de saint Jean ; ivoire archaïque. XIIe siècle.

Haut., 4 cent. 1/2.

19 — Petite plaque, pendant de celle qui précède, représentant l'ange de saint Mathieu.

20 — Christ debout bénissant. Dans l'angle, une autre tête du Christ en buste ; beau travail, belle conservation, patine foncée. Appliquée sur cadre de bois noir, au revers, une croix avec des monogrammes. XIe ou XIIe siècle.

Haut., 16 cent.

21 — Christ en buste bénissant. Encadré. XIe ou XIIe siècle.

Haut., 11 cent.

22 — Plaque en relief pentagonale en dent de morse. Aaron faisant fleurir son bâton ; au-dessous, l'inscription : *Virga Aaron*. Roman, XIIe siècle.

Haut., 5 cent. 1/2.

23 — Valve de miroir. Deux groupes d'amoureux dans un bois, séparés par un arbre; au-dessus, dans les branches, Cupidon dirige des flèches vers les deux groupes. XIVe siècle.

Larg., 9 cent.

24 — Autre valve de miroir. Un chevalier et une dame jouant aux dés. XIVe siècle.

Diam., 6 cent. 3/4.

25 — Baiser de paix. Le Christ entre deux saintes femmes. XIVe siècle.

Haut., 12 cent. 1/2.

26 — Figurine. Moine à genoux en prières. XVe siècle.

Haut., 20 cent.

27 — Plaque carrée. Le Christ en croix, entouré de quatre personnages, sous un arceau gothique. Joli travail, teinte rosée.

Haut., 10 cent. 1/2.

28 — Plaque représentant le Christ en croix entouré d'anges; à ses pieds, les saintes femmes, un guerrier à cheval montrant le poing au Christ et une foule nombreuse. XVe siècle.

Haut., 13 cent. 1/2.

29 — Petit baiser de paix. Le Christ entre les saintes femmes. XVe siècle.

Haut., 4 cent. 1/2.

30 — Grand tryptique formé de six sujets. Les deux principaux représentent l'Adoration du Christ et le couronnement de la Vierge. XVe siècle.

Haut., 21 cent.

31 — Plaque à deux compartiments; deux sujets représentant des scènes d'amour. Belle patine, bonne conservation. XVe siècle.

Haut., 11 cent. 1|2.

32-33 — Sept pions de damier représentant des sujets variés. Ce lot sera divisé.

34 — Couteau et fourchette à découper. Manches en ivoire composés chacun de trois figures de femmes surmontées d'un animal accroupi. XVIe siècle.

Haut. du manche, 10 cent.

35 — Couteau et fourchette. Trois femmes surmontées d'un groupe de quatre têtes. A leurs piéds deux enfants. XVIe siècle.

Haut. du manche, 9 cent. 1|2.

36 — Statuette. Saint Jean-Baptiste tenant l'agneau entre ses bras. Figurine drapée, bonne conversation. XVe siècle.

Haut., 15 cent. 1|2.

37 — Plaque représentant l'Annonciation. Un ange ailé à genoux devant la Vierge, sous un dais. Un lis entre

les deux. Très curieuse pièce d'une belle conservation et portant des traces de dorure. xive siècle.

Haut., 10 cent.

38 — Plaque couronnée d'une ogive. Au-dessous deux apôtres : saint Pierre et saint Marc.

Haut., 10 cent.

39 — Diptyque. Deux charmantes plaques formées de deux sujets principaux, l'Assomption de la Vierge et le couronnement ; aux huit angles, des anges jouant de la musique sur des instruments archaïques. Travail fin et très curieux ; très bien conservé. xive siècle.

Haut., 8 cent. 1/2.

40 — Grand diptyque gothique à quatre compartiments couronnés d'ogives ; quatre sujets : la Résurrection de Lazare, le Christ en croix, Judas trahissant Jésus et la Résurrection. Pièce importante d'une belle conservation. xive siècle.

Haut., 20 cent.

41 — Plaque à quatre compartiments. Sujets de la Passion. xive siècle.

Haut., 10 cent. 1/2.

42 — Petite plaque. Un saint entouré de deux anges ; à leurs pieds, deux tulipes. xve siècle.

Haut., 7 cent. 1/2.

43 — Petit diptyque. D'un côté, l'Adoration des Mages, de l'autre le Christ en croix entre les saintes femmes. Bonne conservation.

Haut., 5 cent. 1|2.

44 — Plaque de diptyque. La Vierge entre saint Joseph et un autre personnage.

Haut., 8 cent. 1|2.

45 — Autre plaque de diptyque. Le Christ en croix entre les saintes femmes ; au-dessus, trois rangs d'ogives. Couleur foncée, bien fouillée. XIVe siècle.

Haut., 8 cent.

46 — Plaquette de diptyque. Deux compartiments superposés : l'Adoration des Mages, la Vierge couchée près de l'enfant Jésus. XVe siècle.

Haut., 10 cent.

47 — Petite plaque de diptyque. La Vierge portant l'enfant Jésus et placée entre deux anges tenant des flambeaux. XIVe siècle.

Haut., 7 cent.

48 — Figure d'applique représentant un dragon ailé. XVe siècle.

Haut., 9 cent. 1|2.

49 — Plaque découpée à jour formant un cadre richement couronné, sujet intérieur : l'Ascension. Travail très fin. XVe siècle.

Haut., 12 cent.

50 — Figure d'applique de forme cintrée, en os, représentant un religieux tendant la main à un jeune homme. xve siècle.

Haut., 9 cent. 1|2.

51 — Petite figurine représentant une sainte femme. D'une main elle tient des fleurs et retient les plis de sa robe. Couleur foncée. xve siècle.

Haut., 10 cent. 1|2.

52 — La Vierge tenant l'enfant Jésus debout sur ses genoux. Elle est coiffée d'un diadème autour duquel pend un long voile. Montée sur socle en bois. xve siècle.

Haut., 19 cent.

53 — Grain de dizain. D'un côté, une tête de Christ couronné d'épines; de l'autre, un crâne. xviie siècle.

54 — Grain de dizain. Tête mi-partie de mort et de squelette. xve siècle.

Haut., 4 cent. 1|2.

55 — Grain de dizain. Jeune femme portant une chaîne autour du cou; de l'autre côté, un crâne couvert de petits animaux ; au-dessous, l'inscription : *Cogita mori.* xive siècle.

Haut., 6 cent. 1|2.

56 — Grain de dizain. Trois têtes d'âges et de sexes divers et un crâne réunis ensemble. xve siècle.

Haut., 4 cent.

57 — Grain de dizain. Sujet à double face ; d'un côté, une jeune femme tenant une fleur à la main ; de l'autre, une tête de squelette.

Autour, l'inscription : « Ellas fault yl mourir. » xve siècle.

Haut., 7 cent. 1|2.

58 — Baiser de paix. Le Christ entouré de deux saintes femmes.

Haut., 12 cent.

59 — Grand chapelet à grains évidés. Complet. xve ou xvie siècle.

60 — Manche de petit couteau. Une jeune fille nue tenant une fleur dans la main. xvie siècle.

Haut., 7 cent.

61 — Médaillon évidé à jour. Le Christ en croix entre les deux larrons. xvie siècle.

Haut., 6 cent. 1|2.

62 — Diptyque représentant des sujets de la Passion. Jésus lié et Jésus conduit au supplice. Au-dessus deux anges. xvie siècle.

Haut., 10 cent.

63 — Mortier en forme de coupe supportée par un pied. Le sujet représente des amours jouant sur une face et sur l'autre un amour tenant les attributs d'Esculape. xvie siècle. Il est accompagné de son pilon entouré d'un serpent.

Haut. du mortier, 10 cent.

64 — Statuette. La Vierge drapée, tenant l'Enfant Jésus. Traces de peinture. xvie siècle.

Haut., 9 cent.

65 — Ange ailé terminé par une queue de Sirène reposant sur un pied. Charmante pièce ayant sans doute fait partie de l'encadrement d'un miroir. xvie siècle.

Haut., 12 cent. 1/2.

66 — Cassolette à parfums en forme de vase. Le centre représente des enfants jouant; à la base, des masques humains. Beau travail du xvie siècle, très bien conservé.

Haut., 20 cent.; larg., 4 cent. 1/2.

67 — Poire à poudre à trois extrémités; femme assise entre deux adolescents. Travail allemand du xvie siècle.

Haut., 14 cent. 1/2.

68 — Plaque arrondie représentant l'Amour aux yeux bandés tirant des flèches; ornementation extérieure gravée au burin, fin travail. xvie siècle.

Haut., 10 cent.

69 — Vase en ivoire, garni d'un couvercle en étain, avec des armoiries. L'ivoire représente des sujets religieux entre autres l'Adoration des Mages. (Travail allemand.)

Haut., 10 cent.

70 — Petit vase en os sculpté, garni d'une anse. Le sujet représente les remparts d'une ville, au-devant deux guerriers combattant.

Haut., 4 cent. 1[2.

71 — Style à écrire,en os, surmonté d'une tête de femme.

Haut., 0 cent.

72 — Deux pièces d'Echiquier. La Tour portée par un éléphant ; le Fou monté à l'envers sur un cheval dont il tient la queue.

73 — Tête de nègre. Ayant sans doute formé le centre d'une aiguière. Ivoire teinté en noir.

Haut., 17 cent.

74 — Huit pions. Ornés de dessins au burin (de différentes dimensions).

Larg , 8 cent.

75 — Pièce d'ivoire chrétien. Orné de petits dessins ronds.

Haut., 2 cent. 1[2.

76 — Dé. Marbre noir, orné de monogrammes et dessins.

Hautr, 2 cent. 1[2.

77 — Dé. D'un côté une tête d'un dessin barbare.

Haut., 9 cent. 1|2.

78 — Petit objet de toilette. Surmonté d'une femme nue, couchée.

Haut., 16 cent.

79 — Cinq fuseaux. Le centre en ivoire bruni, les extrémités en ivoire blanc buriné.

Larg., 12 cent.

80 — Plaque ovale montée sur cuivre. Saint-Georges à cheval.

81 — Fragments en os. Sujets religieux ; encadrés.

Haut., 18 cent.

82 — Figure d'applique en forme de râpe. Orphée jouant de la flûte, entouré d'animaux.

Haut., 17 cent. 1|2.

83 — Une autre, en forme de râpe. Deux jeunes femmes sous un arbre, se regardant dans un miroir.

Haut., 9 cent.

84 — Plaque ovale encadrée. Représentant le siège d'une ville.

85 — Le Baptême d'une reine, par un ermite assisté de deux personnages; fragment de bas-relief (encadré en baiser de paix).

Larg., 9 cent.

86 — Lapin poursuivi par un molosse. Ivoire gréco-oriental et plaquette représentant le même sujet. Provenant tous deux de l'île de Rhodes.

Haut., 22 cent.

87 — Petite plaque rectangulaire. Provenant de quelque coffre à bijoux.

88 — Statuette. Une sainte agenouillée, en prière; les mains jointes.

Haut., 5 cent. 1[2.

89 — Morceau d'ivoire massif ayant la forme d'une pipe, décoré à sa surface de petits dessins gravés.

Haut., 5 cent. 1[2.

90 — Fragment représentant à sa partie supérieure des grotesques, et à sa partie inférieure des jeunes gens faisant des libations.

Haut., 6 1[2.

91 — Médaillon, portrait du doge de Venise Jean Piseurus.

Diam., 8 cent. 1[2.

92 — Vieillard à longue barbe, pièce d'échecs orientale. Le Roi.

Haut., 9 cent. 1|2.

93 — Applique en os. Deux amours, entourés de feuilles d'acanthe.

Haut., 8 cent. 1|2 sur 3 cent.

94 — Autre applique. Figure de femme tenant une massue d'une main et un bouclier au bras.

Haut , 7 cent.

95 — Tête de guerrier casqué. Le casque est surmonté d'un lézard rampant.

Haut., 7 cent. 1|2.

96 — Plaquette de forme arrondie représentant un Bacchus indien.

Haut., 13 cent. 1|2.

97 — Plaquette allongée représentant trois sujets superposés. Scènes de la vie du Christ.

Haut., 18 cent.

98 — Couteau, forme yatagan. Le manche représente une femme (Minerve) tenant une palme à la main ; à ses pieds, un Amour assis sur une mappemonde. XVIIe siècle.

Haut., 8 cent.

99 — Couteau en forme de yatagan. Le manche représente des groupes de chevaux. XVIIe siècle.

Haut. de l'ivoire, 6 cent. 1/2.

100 — Fourchette à deux branches. Guerrier (Mars) revêtu d'un costume romain, coiffé d'un casque surmonté de trois plumes; à ses pieds, un Amour tenant un bouclier. XVIIe siècle.

Haut., 8 cent.

101 — Poire à poudre, de forme conique aplatie. Dessin au burin; d'un côté, dans un médaillon, une tête d'homme casqué. Travail allemand. XVIIe siècle.

Haut., 21 cent.

102 — Plaquette sculptée en relief. Une religieuse drapée et voilée; derrière elle, un jeune homme s'appuyant sur ses épaules. XVIIe siècle.

Haut., 14 cent. 1/2.

103 — Autre plaquette. Mise du Christ au tombeau.

Haut., 35 cent. 1/2.

104 — Plaque allongée. Sujet de chasse. Cavalier poursuivant un cerf. XVIe ou XVIIe siècle.

Larg., 12 cent. 1/2.

105 — Plaque sculptée en relief. Un homme se perçant le cœur d'un poignard. XVIIe siècle.

Haut., 11 cent. 1/2.

106 — Figure d'applique. Guerrier vêtu à la romaine, tenant au bras un bouclier représentant un masque humain. XVIIIe siècle.

Haut., 19 cent.

107 — Une autre. Représentant un prêtre musulman à longue barbe.

Haut., 19 cent.

108 — Figure d'applique. Une religieuse; les mains croisées.

Haut., 17 cent.

109 — Autre figure d'applique. En forme de râpe surmontée d'une coquille; jeune femme assise, tenant des fleurs et un oiseau à la main. XVIIIe siècle.

Haut., 2 cent. 1/2.

110 — Diptyque. Chaque panneau divisé en deux compartiments. Chacun d'eux représente deux sujets de la Passion, depuis l'Annonciation jusqu'au Crucifiement. XVIII siècle.

Haut., 9 cent. 1/2.

111 — Figurine. Un homme à genoux sur deux dauphins. XVIIe siècle.

Haut., 4 cent. 1/2.

112 — Statuette, représentant un chef romain vêtu et armé à l'antique. XVIIIe siècle.

Haut., 16 cent. 1/2.

113 — Figurine. Grotesque revêtu d'un petit manteau, et portant des culottes courtes. XVIIIe siècle.

Haut., 8 cent. 3/4.

114 — Figurine. Sainte Catherine, debout, drapée dans un manteau, tenant un rameau à la main. A ses pieds la roue. XVIIe siècle.

Haut., 9 cent.

115 — Figurine d'applique. Sainte Thérèse à genoux sur un nuage, tenant un rameau à la main. XVIIe siècle.

Haut., 7 cent. 1/2.

116 — Grappe de raisin, avec sa tige entourée de trois feuilles de vigne. XVIIIe siècle.

Haut., 9 cent. 1/2.

117 — Groupe, figurant un enlèvement et amour tenant un arc. XVIIe siècle.

Haut., 32 cent.

118 — Statuette. — Saint Sébastien. XVIIe siècle.

119 — Coffret richement découpé à jour sur ses quatre faces. La partie supérieure est divisée en six compartiments. XVIIe siècle.

Larg., 13 cent. 1/2.

120 — Plaque découpée à jour, formant un cadre riche-

ment sculpté. Le sujet intérieur représente Neptune armé du trident. Derrière lui sont des chevaux marins. xviiie siècle.

Haut., 12 cent.

121 — Coffret monté sur cuivre, orné de gravures au burin représentant des oiseaux et des animaux fantastiques. Travail allemand du xviie siècle.

Larg., 13 cent.

122 — Figurine. Représentant un jeune chasseur jouant de la cornemuse. Travail allemand du xviie siècle. Sur socle en bois.

Haut., 10 cent.

123 — Poire à poudre en forme de corne de cerf, à trois becs; gravée au burin, avec les armes d'Autriche (aigle à deux têtes). xviie siècle.

Haut., 22 cent.

124 — Boîte à mouches. Sculptée des deux côtes (en rouge et en blanc); d'un côté Jézabel dévorée par les chiens; de l'autre, retour et sacrifice de Jephté victorieux. xviiie siècle.

Larg., 9 cent.

125 — Boîte à mouches. Le couvercle sculpté en relief. Vénus traînée sur les ondes par des chevaux marins et entourée d'amours. xviiie siècle.

Larg., 8 cent. 3/4.

126 — Autre boîte à mouches. Boite ovale représentant un écusson surmonté d'une couronne ducale et supportée par deux anges ailés. XVIIIe siècle.

Larg., 9 cent. 1/2.

127 — Quenouille ivoire bruni et ivoire blanc buriné. XVIIIe siècle.

Long., 80 cent.

128 — Plaque, l'Annonciation. La Vierge agenouillée devant une table. XVIIIe siècle.

Haut., 13 cent. 1/2.

129 — Statuette. Le Christ debout et drapé, tenant un roseau à la main, monté sur un socle de bois, avec l'inscription : Ecce Homo. XVIIIe siècle.

Haut., de l'ivoire, 14 cent.

130 — Poire à poudre en forme de croissant, décorée de sujets de chasse. Joli travail allemand. XVIIIe siècle.

Long., 22 cent.

131 — Plaque. Dessins figurés avec de petits clous en cuivre. Au centre, un bouquet garni de fleurs rouges, XVIIIe siècle.

Haut., 10 cent. 1/2.

132 — Montre marine. Travail scandinave ; formée de deux parties. XVIIe siècle.

Haut., 8 cent.

133 — Plaque de coffret, à six compartiments, représentant six muses, gravées au burin. Encadrée. XVIIIe siècle.

Haut., 15 cent.

134 — Petite plaque. Un vase garni de fleurs. XVIIIe siècle.

Haut., 7 cent. 1/2.

135 — Dent de rhinocéros. Représentant un homme richement vêtu, tenant dans ses mains un violon et un archet. XVIIIe siècle.

Haut., 9 cent. 1/2.

136 — Statuette. Femme nue, tenant une corne d'abondance. XVIIIe siècle.

Haut., 15 cent. 1/2.

137 — Autre statuette. Femme nue, avec abdomen et poitrine proéminents, formant une plaquette qui se détache; à l'intérieur, de nombreuses petites pièces représentant les parties intérieures du corps d'une femme.

Haut., 21 cent. 1/2.

138 — Statuette. Cérès tenant une gerbe entre ses bras. XVIIIe siècle.

Haut., 10 cent. 1/2.

139 — Plaque en forme de grand médaillon. Une femme assise sous des arbres et lisant. XVIIe ou XVIIIe siècle.

Haut., 11 cent.

140 — Plaque finement sculptée. Sujet mythologique : Jupiter foudroyant Neptune qu'il précipite hors de son char. Encadrée de noir. XVIIIe siècle.

Haut., 17 cent. 1/2.

141 — Autre plaque. Jupiter sur un nuage, d'où s'élance Mercure ; au-dessous, un sujet champêtre.

Haut., 19 cent. 1/2.

142 — Groupe, représentant un jeune seigneur et une jeune femme aux pieds de laquelle est un amour armé du carquois ; monté sur un socle à colonnes en bois noir. XVIIIe siècle.

Haut., 8 cent. 1/2.

143 — Deux fourchettes en os.

Haut., 16 cent. 1/4.

144 — Os en forme de clou.

145 — Manche d'éventail.

146 — Manche de brosse à ongles.

147 — Aiguille à canevas.

148 — Épingle à tête de bélier.

Long., 16 cent.

SCULPTURES EN BOIS

149 — Grand peigne en bois travaillé à jour (à deux côtés); au centre, une rosace en marqueterie d'ivoire.

Long., 18 cent. 1/2 ; haut., 15 cent.

150 — Autre peigne. Au centre l'inscription : *Pour Dieu mon cœur avez.*

Larg., 15 cent. 1/4 ; haut., 10 cent. 1/2.

151 — Plaque en bois sculpté. Prédicateur sous un arbre, s'adressant à la foule.

152 — Petite plaque en bois noir, en forme de cœur ; à la surface sont appliquées de petites figurines représentant le Christ en croix entre deux femmes.

153 — Vierge de bois. Nord de la France ; avec son piédestal sculpté.

Haut., 87 cent., sur 25 cent.

154 — Deux bustes d'archanges. Bois du xve siècle.

Haut., 30 cent., sur 28 cent.

155 — Statuette. Evêque.

Haut., 34 cent.

156 — Statuette. Saint Prêchant sous un dais garni de clochetons et reposant sur un socle sculpté à jour.

157 — Trois fragments. Un évangéliste, une statuette et une tête d'applique.

158 — Deux statuettes d'applique sur bois. Style roman, traces de dorure.

Haut., 70 cent.

159 — Grande descente de croix, groupe de huit personnages; ouvrage flamand du xve siècle. Ce beau groupe, qui faisait primitivement partie d'un de ces immenses retables communs encore en Espagne, sur lesquels étaient racontées une à une toutes les scènes de la vie et de la Passion du Christ, provient de l'Estramadure, et, à ce que l'on croit, du couvent royal de Saint-Just; on y reconnaît, au premier abord, tous les acteurs de la scène du Calvaire, la Vierge dans les bras de saint Jean, Madeleine agenouillée au pied de la croix, saint Joseph d'Arimathie, l'une des saintes femmes portant les parfums, etc.

160 — Le Christ mort et les saintes femmes, groupe de six personnages. Pieta gothique.

Haut., 30 cent.; larg., 28 cent.

161 — Sainte Anne debout. Statuette sur socle.

Haut., 70 cent.

162 — Une des saintes femmes près de la croix. Statuette coloriée.

Haut., 35 cent.

163 — Vierge assise, tenant l'Enfant Jésus sur ses genoux ; pièce d'un beau caractère.

Haut., 40 cent.

164 — Statuette de pape, tenant un livre à la main. La tiare est dorée, sur le reste, traces de couleur.

Haut., 28 cent.

165 — Statuette de femme drapée.

Haut., 21 cent.

166 — Tête d'apôtre.

167 — Madeleine agenouillée.

168 — Châsse romane en buis. Travail barbare.

Larg., 22 cent.; haut., 8 cent.

169 — Châsse romane en buis, plus petite.

Larg., 12 cent.; haut., 5 cent.

170 — Autre châsse encore plus petite.

Larg., 9 cent.; haut., 5 cent.

171 — Règle de fondeur, en buis, avec de belles lettres majuscules gravées et des figurines d'animaux.

Larg., 57 cent.

172 — Règle de fondeur, en buis.

Larg., 33 cent.

173 — Autre règle de fondeur, en buis. Elle porte entre les lettres deux sujets. Un roi tenant le sceptre et une croix.

Larg., 24 cent.

174 — Belle et grande râpe sculptée. Avec armoiries, surmontées d'une couronne de comte. Dessin très riche.

Haut., 45 cent.

175 — Râpe à tabac, plus petite. Au centre, le nom de Jean Rollin.

176 — Très beau bénitier en bois sculpté. Renaissance flamande.

Haut., 48 cent., larg., 25 cent.

SCULPTURES EN MARBRE ET AUTRES

177 — Vierge de marbre. XIVe siècle. Albigeois. Avec sa niche sculptée.

Haut., 97 cent., sur 33 cent.

178 — Portrait de profil d'une jeune patricienne ; bas-relief de marbre.

179 — Saint Joseph assis en costume de moine, tenant dans ses bras l'Enfant Jésus qui le tire par la barbe. Marbre du XVIIe siècle.

Ce petit groupe, italien d'origine, a appartenu à l'un des derniers évêques de Sienne.

180 — Tête en marbre. Coiffée du turban. Saint Joseph d'Arimathie. xve siècle.

181 — L'Adoration des Bergers. Bas-relief d'albâtre.

182 — Saint Sébastien à la colonne. Fragment charmant de Tullio Lombardi.

183 — Trois médaillons. Têtes d'apôtres, en albâtre.

184 — Petite tête d'homme, en albâtre.

185 — Plaque en albâtre peint, de forme ovale : l'Enfant Jésus portant les instruments de la Passion.

186 — Pierre dure. Portrait d'Andréas Imhoff le vieux, Travail allemand.

TERRES CUITES

187 — Terre cuite. Bas-relief attribué au Puget. Hercule terrassant l'Hydre.

188 — Un évêque, ronde bosse de Dubois, de Dijon; manque une main et partie du pied.

189 — Un Faune à l'enfant, dans la manière de Clodion.

190 — Une déesse debout. Marcarès ou Lucas de Toulouse.

191 — Quêteuse agenouillée. Marcarès ou Lucas de Toulouse. Une main cassée.

192 — Le Désespoir; fragment italien.

193 — L'Assomption de saint Bruno. Bas relief.

194 — Buste. Terre cuite vernissée.

195 — Buste en terre, cuite avec l'inscription : Pax in virtute tua.

196 — Pieta. Terre cuite peinte. XIVe siècle.

197 — Statuette, ronde bosse mi-drapée.

198 — Statuette de pêcheur assis, se tirant une épine du pied. Joli mouvement. Manque une main.

199 — Tête de femme exprimant la douleur. Couleur blanche.

200 — Médaillon. Portrait d'homme; fin du XVIIIe siècle.

201 — Statuette égyptienne.

202 — Statuette. Louis XIII assis vêtu d'une robe. Manque une main.

BRONZES

203 — Écritoire en bronze supportée par trois aigles. Sur le couvercle, une statuette de guerrier.

204 — Figure d'empereur romain armé et casqué.

205 — Buste lauré de l'empereur Auguste. XVIe siècle.

206 — Cheval au trot.

207 — Taureau en arrêt.

208 — Chandelier à deux branches. Bronze florentin; enfant nu tenant un flambeau de chaque main.

209 — Statuette. Bronze florentin. Vénus marine posant le pied sur un dauphin.

210 — Autre statuette. Bronze florentin.

211 — Deux statuettes bronze. Homme coiffé d'un turban et religieuse drapée.

212 — Petite tête de taureau en bronze.

213 — Ciselure italienne très fine. Bronze du XVIe siècle provenant d'un coffret à bijoux. Repas de demi-dieux.

214 — Autre ciselure italienne. Chute des Niobides.

215 — Autre ciselure, Pièta du XVe siècle. Le Christ, la Vierge et deux saintes.

216 — Deux médaillons en bronze. Portraits des papes Pie V et Innocent XI.

217 — Trois appliques byzantines encadrées dont une figurine d'ange en prière.

218 — Sainte portant une châsse.

219 — Chenêts en bronze.

ORFÈVRERIE ET OBJETS VARIÉS

220 — Grande châsse byzantine émaillée avec clochetons. XIIe siècle.

Le devant et les côtés de ce reliquaire sont décorés de figures de saints et d'apôtres épargnées dans un émail bleu turquoise et relevées au burin.

Ce monument, de style archaïque, provient de l'abbaye de Boulbone, le Saint-Denis des comtes de Foix.

221 — Autre châsse émaillée. Martyre de saint Thomas de Canterbury. XIIIe siècle.

222 — Croix d'exposition. Argent et vermeil. Base burinée reposant sur huit lions.

223 — Grande croix en cuivre doré. Plaques émaillées.

224 — Grande croix en cuivre argenté.

225 — Châsse byzantine cuivre doré. XIe siècle.

226 — Grande monstrance triangulaire à pied émaillé.

227 — Ciboire avec cabochons.

228 — Deux custodes émaillées.

229 — Custode surmontée d'une croix.

230 — Calice du XVIe siècle.

231 — Calice du XVIIe siècle.

232 — Grande monstrance en cuivre doré.

233 — Monstrance surmontée d'une rosace.

234 — Monstrance en cristal de roche portée par deux anges agenouillés.

235 — Figurine d'applique montée sur socle.

236 — Autre figurine.

237 — Figure d'applique ciselée. Moine à genoux.

238 — Chandelier.

239 — Base de calice dorée. Cabochons émaillés.

240 — Figurine en cuivre. Abbesse portant une châsse.

241 — Figurine en cuivre. Apôtre prêchant.

242 — Cadran solaire en bronze. XVIIe siècle.

243 — Cloche en bronze avec figurine.

244 — Base de chandelier en bronze.

245 — Figurine d'applique; buste d'évangéliste.

246 — Petit reliquaire bronze.

247 — Esponton de hallebardier de la chambre, incrusté de quatre figurines et de dessins en argent.

248 — Deux couteaux de chasse, manches en ivoire.

249 — Deux autres, l'un à manche en corne et cuivre, l'autre à manche en fer.

250 — Petite pendule Louis XIII, surmontée d'une statuette en bronze.

251 — Trois cuillers en vermeil Louis XIII.

252 — Une autre, terminée par une tête de faune.

253 — Petit chandelier romain.

254 — Chandelier Louis XIII en forme de branche de fleur.

255 — Diverses petites figurines de Saxe composant une scène de l'Adoration des Mages.

256 — Un petit canon en bronze.

257 — Un plat en cuivre.

258 — Un chauffe-lit en cuivre.

259 — Deux vases en terre cuite blanche.

260 — Débris curieux d'un tombeau romain.

261 — Coffret de toilette, écaille incrustée de cuivre.

262 — Coffret en ébène. Compartiments en écaille.

263 — Croisée à deux vantaux montée sur fer, ornée de vitraux anciens. — Six sujets principaux.

264 — Autre croisée à deux vantaux, composée de six vitraux carrés.

265 — Quatre volets de varrière avec leurs vitraux.

FAIENCES

267 — Grand vase de pharmacie orné de peintures ; les anses sont formées par deux têtes ; le couvercle est surmonté d'un chien accroupi.

Haut., 60 cent.

268 — Vase de pharmacie ; les anses sont formées par deux lézards.

269 — Saladier à bords crénelés orné de fleurs bleues.

Haut., 18 cent. ; diam., 14 cent. 1[2.

270 — Assiette faïence à dessins jaune et bleu.

Diam., 20 cent.

271 — Chou surmonté d'un escargot.

Haut., 18 cent.

272 — Deux vases à longs cols évasés à la partie supérieure, ornés d'arabesques bleues ; au centre, fleurs et oiseaux.

Haut., 36 cent.

273 — Soupière avec couvercle en terre jaune vernissée à dessins à relief.

Haut., 18 cent.

274 — Deux vases de pharmacie, paysage en camaïeu bleu.

Haut., 26 cent.

275 — Aiguière faïence de Delft ; sur le goulot, une tête de lion ; au centre, une rosace émaillée en bleu.

Haut., 19 cent.

276 — Une autre plus grande, même genre.

Haut., 22 cent.

277 — Écuelle à deux anses avec couvercle ornée de myosotis.

Haut., 14 cent.

278 — Deux canards en faïence jaunâtre formant soupières.

Long., 32 cent.

279 — Grand plat jaune foncé à deux anses, garni de cercles imitant le marbre.

Circonf., 40 cent.

280 — Deux vases faïence bleue, sans anses, ornés de fleurs et de branches.

Haut., 31 cent.

281 — Deux assiettes en faïence. Au centre, un sujet chinois.

Diam., 22 cent.

282 — Deux légumiers en faïence blanche, entourés d'arabesques jaunes ; au-dessus, une fleur surmontant cinq feuilles.

Long., 28 cent.

283 — Grande soupière en faïence blanche. Même dessin, même service.

Long., 32 cent.

284 — Grand plat creux faïence blanche. Mêmes ornements.

Long., 52 cent.

285 — Tonnelet en faïence grise émaillée de bleu.

Long., 25 cent.

286 — Assiette faïence blanche, à bords dentelés, couleur jaune, entourée de guirlandes de verdure.

Diam., 24 cent.

287 — Plat long, faïence blanche, dentelé, dessin bleu.

Long., 41 cent.

288 — Feuille de chou. Plat long.

Long., 27 cent.

289 — Deux plats, forme carrée, bordés de rose, fleur au centre.

Larg., 22 cent.

VERRERIE VÉNITIENNE

290 — Grand et beau sucrier, verre de Murano ; pâte sablée d'or, couvercle à trois étages, couronné d'une fleur et reposant sur un plateau à pied.

291 — Deux petites coupes guillochées d'or et de perles, à anses mobiles, supportées par un dauphin, vert turquoise.

292 — Cruchon à panse évasée, à deux becs avec anse à la partie supérieure, fond verre incolore, décoré de stries blanches et fleurs bleues appliquées.

293 — Cruchon à un bec. Pâte incolore ornée de filets bleus.

294 — Bouteille à long bec oblique; pâte incolore, stries blanches.

295 — Coupe en verre blanc sans ornement.

296 — Oiseau en verre incolore.

297 — Deux oiseaux servant de récipients; avec goulot, pâte de verre pâle.

298 — Chandelier en verre bleuâtre.

299 — Fiole à long col cannelé. Pâte bleue et ornements dorés.

300 — Grand verre en forme de cornet évasé, quatre figures sur le pied ; verre blanc.

301 — Verre en forme de tulipe, pâte blanche, pied strié.

302 — Petit verre en forme de cornet évasé, teinte pâle.

303 — Deux verres en forme de cornet, renflés à la tige.

304 — Verre imitant le cristal.

305 — Verre forme tricorne.

306 — Deux verres forme tulipe.

307 — Deux verres forme clochette.

308 — Deux verres forme cornet.

309 — Verre forme clochette.

310 — Verre forme cornet octogone.

311 — Verre forme striée.

312 — Verre forme cornet à tige soufflée.

313 — Grand verre en forme de cornet.

314 — Grande coupe plate sur pied.

315 — Coupe plus petite et plus profonde.

316 — Deux grands verres, forme cornet, pieds renflés.

317 — Grand verre de forme allongée, base ornementée.

318 — Très grand verre en forme de hanap.

319 — Verre forme cornet.

320 — Verre forme tulipe évasée, ornée de filets blancs entrecroisés.

321 — Verre forme tulipe, filets blancs et roses.

322 — Deux verres plus petits, ornés de filets blancs entrecroisés.

323 — Petit vase porte-fleurs, étranglé à sa partie supérieure.

324 — Rhyton, vase à une anse, de nuance vert foncé.

325 — Verre à anse et à pied, entouré de trois cercles blancs et bleus.

326 — Verre renflé à sa partie supérieure, filets blancs entrecroisés.

327 — Deux fioles octogonales à quatre faces, décorées d'une ornementation polychrome.

328 — Autre fiole plus petite.

329 — Fiole hexagonale, les angles ornés d'appliques en verre blanc et bleu ; ornementation polychrome sur chaque face.

330 — Deux bouteilles à base renflée, bleu turquoise.

331 — Gobelet pâte blanche à filets rouges.

332 — Verre octogonal à pâte blanche; dessins polychromes.

333 — Verre octogonal plus petit avec l'inscription : Je vous donne mon cœur, 1728.

334 — Petit tonneau pâte incolore, cercles appliqués, bleu avec chaînette.

335 — Petit tonneau; pâte marbrée à fond clair, deux anses à la partie supérieure.

336 — Flacon à goulot évasé.

337 — Coupe profonde sans pied, pâte incolore; fond décoré d'une chaîne bleue.

338 — Miroir biseauté à pans coupés, monté sur argent ciselé; au revers, une glace biseautée au centre de laquelle se trouve une plaque dorée, sur laquelle est peinte un vase garni de fleurs; autour de cette plaque, une ornementation de marguerites et fleurons en verre de couleur.

339 — Tige en verre à extrémités renflées, imitant une main.

340 — Petit flacon à odeur en pâte blanche représentant une tête de jeune garçon.

341 — Demi-bonbonnière verre noir, garnie de perles blanches et d'émeraudes en verre.

342 — Bénitier en verre vert, sur fond à treillis à jour.

MEUBLES ET PANNEAUX EN BOIS SCULPTÉ

343 — Crédence à jour et à dais du château de Cordes. Cette crédence, dont le dais et le fond sont découpés à jour, est d'un travail très riche et très fin. Les deux vantaux de l'avant-corps et le tiroir qui le complètent sont eux-mêmes sculptés dans toute leur étendue. Elle provient du château de Cordes (ancien Albigeois) où elle figurait, dit la tradition, dans la grande maison habitée par le gouverneur du château, sous le roi Louis XI.

De là, les fleurs de lis des nombreux écussons qui couronnent le dais.

Haut., 2 m. 28 cent.

344 — Grande crédence à deux vantaux. xve siècle . Cette crédence, de forme monumentale et d'une ornementation sévère, provient de l'ancien Albigeois. Le panneau du fond, taillé en plein bois et d'une seule pièce, est

surmonté d'une frise courante, élégamment découpée. Serrures et pentures très fines.

Haut., 2 m. 25 cent.; larg., 1 m. 50 cent.

345 — Bahut fin du xve siècle, avec l'écusson de France, à trois couches de sculpture.

L'ornementation de ce grand coffre, qui provient des environs de Toulouse, est d'un relief et d'une richesse exceptionnels. Il a jusqu'à trois couches de sculptures superposées, elle forme d'élégants arceaux, retombant tour à tour sur des pendentifs en forme de clef de voûte et sur de petites colonnettes à pans coupés. Cette rangée d'arcatures est surmontée à son tour d'un riche festonnage, dont les fleurs épanouies se détachent en relief sur une rangée de croisillons étroits formant la frise et le sommet du panneau. Au centre des arceaux, l'écu de France couronné, surmonté lui-même d'une riche serrure à jour, contemporaine du meuble auquel elle appartenait.

Long., 1 m. 75 cent.

346 — Grand coffre à frise continue. xve siècle. Ce meuble, d'un dessin élégant et d'un travail soigné, provient de la vallée du Rhône (Valence, école de Lyon). On remarquera la frise courante qui couronne les riches dessins alignés qui forment l'ornementation du panneau. Belle serrure du xve siècle.

Larg., 80 cent.; long., 1 m. 80 cent.

347 — Coffre fleurdelisé avec sa serrure.

Ce petit bahut, décoré de l'écusson royal, est d'un travail assez fin du sud-ouest de la France (ancien Albigeois).

Haut., 60 cent., sur. 1 m.

348 — Table de nuit du xve siècle, avec deux bas-reliefs. Petit meuble curieux et très rare, qui ne peut avoir été qu'une table de nuit au sens actuel du mot; on sait que les stalles à sièges ouvrants en tenaient lieu au moyen âge. Il se divise intérieuremet en deux étages répondant extérieurement à deux vantaux superposés.

Celui du bas représente une main tenant une branche de verveine; celui du haut, une jeune femme respirant une rose.

Haut., 80 cent.; larg., 55 cent.

349 — Grande armoire de sacristie avec armoiries. — Ce meuble provient d'une église de l'Ariège. Les huit panneaux qui remplissent les deux vantaux sont décorés, à l'étage supérieur, d'écussons religieux ou armoriés, d'un côté, aux armes de France et de Dauphiné, de l'autre aux armes de France et de Bretagne; ce qui fait supposer qu'il aura été donné par quelque membre de la maison d'Armagnac, toute-puissante au xve siècle dans le sud-ouest de la France.

Les cordilles appliquées en manière de montants caractérisent, en Gascogne comme en Espagne, l'architecture de la fin du xve siècle. Ce beau meuble, qui a conservé ses ferrures anciennes et ses latéraux décorés de parchemins, n'a de restauré que sa crête à clochetons, exécutée sur les dessins de M. Viollet-le-Duc.

Haut., 80 cent.; larg., 1 m. 75 cent.

350 — Armoire de sacristie, même genre et même époque. — Cette armoire est analogue à celle qui vient d'être décrite, mais provient de l'Albigeois (environs de Cordes). Les panneaux supérieurs qui sont seuls sculptés, sans être évidés cette fois, encadrent aussi des écussons ornés de monogrammes religieux, d'un relief très vif et d'un travail très fin. Les panneaux inférieurs sont formés, comme ceux des faces latérales, d'élégants parchemins emmanchés sur des tiges richement ornées. Les cordilles qui forment les encadrements sont ici enchâssées dans des pilastres appliqués qui forment les contre-forts et les soubassements du meuble.

351 — Deux grands coffres de même genre; l'ogive encadrée d'un plein cintre.

Bahuts, de forme et de taille monumentales, provenant de la Haute-Auvergne (Brioude).

Haut., 1 m. 65 cent.; larg., 82 cent.

352 — Petit coffret à bijoux, sculpté, fin du xve siècle, avec armoiries abbatiales.

353 — Petite crédence, à pans coupés et à fond évidé, provenant du Limousin. Style de transition. Au centre, une tête de Maure. Les pendentifs de l'avant-corps sont ornés de figures sculptées comme les montants du dossier.

354 — Grand dressoir à cariatides. École de Toulouse. — Ce grand et magnifique dressoir en noyer, style Henri II ou Henri III, est un des chefs-d'œuvre de l'art toulousain par la richesse des détails et le fini de l'exécution, alliée ici à un ensemble d'une solidité et d'une largeur toutes monumentales. L'avant-corps, à deux vantaux, repose sur deux cariatides de satyres accroupis; deux autres cariatides sont appliquées contre le fond du soubassement. Cet avant-corps sert lui-même de base à un gradin godronné verticalement, puis à un panneau fantastique richement encadré; ce panneau est surmonté lui-même d'un couronnement analogue, dont la silhouette est formée par deux aigles; c'est-à-dire, en d'autres termes, que le meuble pris dans son ensemble se compose de quatre parties bien distinctes : un soubassement, un avant-corps à deux vantaux, un panneau de fond reposant sur un gradin et un couronnement au-dessus de ce panneau.

Haut., 2 m. 67 cent.; larg., 1 m. 44 cent.

355 — Grand dressoir à bouclier, supporté par des colonnes, de la fin du XVIe siècle. — En noyer, de l'école de Toulouse, d'un style fantastique et sévère tout à la fois, il se compose de trois parties distinctes : 1° un soubassement servant de base à de fortes colonnes cannelées, répondant à des pilastres appliqués dans le fond du soubassement; 2° d'un avant-corps à deux vantaux, encadrés aussi par des pilastres cannelés et munis chacun de leur tiroir en forme de pendentifs; 3° d'un large panneau sculpté, surmonté, comme couronnement, d'une corniche et d'une frise.

L'ornementation de ce riche panneau est formée par des masques de femme, appliqués sur des suaires éployés. Ces suaires sont encadrés à leur tour de larges bandelettes déroulées, d'où émergent, aux deux extrémités, deux figures de Sirènes, tenant par la bride un bélier caché derrière les bandelettes. Le panneau lui-même est encadré extérieurement de deux grandes cariatides en Hermès, une d'homme et une de femme.

Haut., 2 m. 45 cent.; larg., 1 m. 47 cent.

356 — Dressoir architectural de Pibrac. Fin du XVIe ou commencement du XVIIe siècle. — Sans sculpture aucune, provenant du château habité, au XVIe siècle, par le célèbre Guy Dufaure de Pibrac, l'auteur des quatrains, auquel ce meuble aurait aussi appartenu.

L'avant-corps du dressoir repose sur des colonnes cannelées d'ordre dorique. Il sert de base à un panneau de fond, à deux compartiments séparés par des demi-colonnettes d'ordre ionique. L'ornementation des vantaux, très simple comme celle du meuble, est formée de moulures saillantes entrecroisées.

Au-dessus des vantaux sont deux tiroirs séparés l'un de l'autre par un cul-de-lampe.

Haut., 2 m. 40 cent.; larg., 1 m. 10 cent.

357 — Table appliquée, formée de deux parties de dressoir.

Haut., 2 m.; larg., 1 m. 50 cent.

358 — Grand lit d'apparat Henri II, avec frise et plafond à

caissons, soutenu par des colonnes d'ordre fantastique. Il est décoré de trois rangées de godrons d'une forte saillie, et, dans le panneau du fond, la date de 1565 encadrée dans un cartouche en forme de losange au milieu de bandelettes largement déroulées.

Ce beau lit figurait, avec ses tentures en brocart d'argent, dans l'ancienne collection Soulages.

Haut., 2 m. 15 cent.; larg., 1 m. 65 cent.

359 — Très belle table, du temps de Henri IV, à colonnes cannelées d'ordre dorique.

Haut., 85 cent.; larg., 1 m. 40 cent.

360 — Grand coffre François Ier. Le panneau principal de ce coffre, qui porte l'empreinte de l'époque la plus pure de la Renaissance, est dû évidemment à des artistes italiens amenés en France après les guerres de François Ier par Renaud de Genouillac, grand maître de l'artillerie du Roi; il provient du château d'Assier, qui fut construit et décoré sous sa direction et dont les trésors ont été détruits et dispersés à la Révolution.

Haut., 1 m. 65 cent.; larg., 76 cent.

361 — Grand coffre François Ier, analogue au précédent.

362 — Petit bahut gothico-renaissance, avec le buste de Médée.

Haut., 70 cent.; larg., 1 m. 12 cent.

363 — Petit bahut renaissance à cariatides. École de Toulouse.

Haut., 85 cent.; larg., 95 cent.

364 — Éncoignure avec pilastre et inscription « J'ayme fortune », provenant du château d'Assier, construit et décoré, sous François Ier (1530 à 1545), par Caillot de Genouillac, grand maître de l'artillerie de France. — L'ornementation, d'un goût élégant et sobre, est formée par des pilastres renflés vers le cintre et à cannelures torses aux extrémités. Les pilastres, qui s'alignent sur le champ cintré du meuble, sont séparés les uns des autres par un boulet engagé dans une bandelette de cuir suspendue au meuble par un nœud de ruban. Sur les deux dernières bandelettes est gravé le Motto du maître : *J'ayme fortune*, écrit aussi en majuscules semi-gothiques sur la frise qui surmonte la rangée de pilastres. Meuble rare et parfaitement conservé.

Haut., 38 cent.; larg., 1 m. 45 cent.

365 — Coffret en certosine et incrustations d'ivoire.

Long., 30 cent.; haut., 12 cent.; larg., 21 cent.

366 — Quatre volets sculptés, provenant du château d'Assier, décorés de têtes d'hommes et de femmes.

367 — Panneau Renaissance, provenant du château d'Assier. Sujet : Canon sur affût avec ses boulets.

Haut., 24 cent.; larg., 65 cent.

368 — Panneau Renaissance; corne d'abondance et attributs militaires.

369 — Panneau style Henri III, même provenance. Génie ailé, portant un drapeau d'une main et un rameau de l'autre.

Haut., 65 cent.; larg., 30 cent.

370 — Panneau analogue au précédent.

371 — Autre panneau. Mercure et deux Satyres.

Haut., 36 cent.; larg., 36 cent.

372 — Panneau. Orphée avec sa lyre, dans une niche supportée par deux colonnes.

Haut., 40 cent.; larg., 32 cent.

373 — Panneau. L'Adoration des Mages

Haut., 48 cent.; larg., 45 cent.

374 — Panneau. L'Adoration des Bergers.

Haut., 48 cent., larg., 45 cent.

375 — Panneau. Fleurs et fruits.

Haut., 55 cent.; larg., 30 cent.

376 — Panneau. Ornements courants.

Haut., 60 cent.; larg., 15 cent.

377 — Deux petits panneaux Renaissance. Médaillons. Tête de femme et tête d'homme.

Haut., 35 cent.; larg., 22 cent.

378 — Panneau Renaissance. Médaillon de femme encadré d'une couronne.

Haut., 45 cent.; larg., 50 cent.

379 — Trois panneaux longs. Au centre, un médaillon représentant un guerrier casqué.

Haut., 1 m. 3 cent.; larg., 33 cent.

380 — Grand lit Louis XIII, à colonnes et panneaux sculptés avec ses tentures.

Haut., 2 m. 25 cent.; long., 1 m. 84 cent.; larg., 1 m. 30 cent.

381 — Grand prie-Dieu, avec reliquaire et crucifix d'ivoire. Époque Louis XIII.

Haut., 2 m.; larg., 45 cent.

382 — Belle armoire fleurdelisée, à deux corps, provenant du château de Pibrac.

Haut., 2 m. 30 cent.; larg., 1 m. 40 cent.

383 — Grand dressoir, avec portiques superposés, et au-dessus une figure d'évêque.

Haut., 2 m. 50 cent.; larg., 1 m. 25 cent.

384 — Coffre avec deux figures sculptées : la Foi et la Charité.

Haut., 85 cent.; larg., 1 m. 15 cent.

385 — Grande et belle frise Louis XIV, avec deux figures d'anges.

386 — Panneau sculpté. Prédication religieuse. La bataille de Muret. Encadré.

Haut., 60 cent.; larg., 45 cent.

387 — Panneau sculpté. Scène des guerres de religion. La Bible exposée au feu.

Haut., 60 cent.; larg., 45 cent.

388 — Autre panneau sculpté. Un évêque faisant l'aumône à un pauvre (Saint-Exupère).

Haut., 30 cent.; larg., 30 cent.

389 — Deux portes gothiques garnies de leurs serrures et pentures.

Larg., 1 m. 10 cent.; haut., 2 m. 15 cent.

STALLES SCULPTÉES & SIÈGES DIVERS

390 — Belle stalle gothique. Le fond est formé de deux panneaux gothiques, évidés à jour, terminés en ogive à la partie supérieure.

391 — Bellestalle gothique de Belpech, près Saint-Papoul. Le fond représente un château, avec trois rosaces au-dessus.

Haut., 1 m. 75 cent.; larg., 65 cent.

392 — Belle stalle gothique. Planche du fond formée de trois panneaux gothiques; deux verticaux, un horizontal.

Haut. 1 m. 85 cent.; larg., 70 cent.

393 — Deux fauteuils de barbier, style Renaissance.

Haut., 1 m. 20 cent.; larg., 65 cent.

394 — Stalle à dossier fleurdelisé, provenant de quelque siège de judicature.

395 — Stalle; fonds à parchemins déroulés; sans restauration.

Haut., 2 m.; larg., 30 cent.

396 — Grande et très belle stalle, provenant du château d'Assier, à sujet de combat dans l'intérieur d'une église.

Haut., 1 m. 95 cent.; larg., 62 cent.

397 — Autre stalle analogue, sujet adolescent nu; bordures d'un dessin et d'un fini charmant. Même provenance.

Haut., 1 m. 95 cent.; larg., 66 cent.

398 — Deux fauteuils italiens du XVIIe siècle, en certosine.

Haut., 1 m. 18 cent.; larg., 57 cent.

399 — Deux fauteuils en X, à dossier et supports, en certosine. XVIe siècle.

Haut., 1 m. 4 cent.; larg., 15 cent.

400 — Dix escabeaux Renaissance, dont deux très beaux, provenant des bords du Rhin.

401 — Un fauteuil à dossier élevé.

TABLEAUX

402 — Bassano (Jacopo). — L'Adoration des Bergers.

403 — École flamande. — La Jeune Mariée, scène humoristique.

404 — Franck-Floris. — La Descente du Saint-Esprit, peinture sur cuivre. Beau cadre.

405 — Lorenzo di Credi. — La Nativité; la Vierge et saint Joseph agenouillés devant l'Enfant Jésus.

406 — Moralès. — Petit triptyque en miniature sur argent. La Vierge tenant la tête du Christ embrassée, à côté, saint Jean et Marie Madeleine.

407 — Zurbaran. — Tête d'un martyr décapité.

408 — Grand et beau triptyque allemand daté de 1500. Le panneau du milieu représente le Christ en croix entre les deux larrons. Le Calvaire est entouré d'un grand nombre de personnages à pied et à cheval, parmi lesquels on distingue Madeleine en robe de brocart; à côté de la Vierge défaillante est un chef maure richement vêtu. Dans le fond, le temple, les églises, les tours, les clochers et les murailles de Jérusalem, telle qu'on la concevait au xve siècle. Le volet de droite représente le portement de croix et la scène du Saint-Suaire; celui de gauche, la Résurrection au milieu des gardes endormis. Sur le revers des deux volets l'artiste a représenté, d'un côté, la Vierge debout et allaitant l'Enfant Jésus; de l'autre, le donateur et son jeune fils agenouillés en costume de franciscains, et lui adressant chacun une prière : *Ostende te esse matrem. — O mater Dei, memento mei !* Ancienne collection J. Soulages.

409 — École allemande du xvie siècle. — La Vierge sous un dais à côté de saint Joseph ; travail très-fin.

410 — La Vierge et une donataire. Portrait du xve siècle, sous un très beau cadre à deux cintres. Gothique espagnol.

411 — La Vierge et l'Enfant Jésus entourés d'anges musiciens, sous un portique à deux cintres. Gothique flamand espagnol très fin.

412 — Quatre grands volets de triptyque. Le Spazimo. La Mise au tombeau.

413 — Deux petits volets de triptyque. XVIIe siècle.

414 — L'archange saint Michel terrassant le dragon.

415 — INCONNU. — Un saint Sébastien et deux femmes agenouillées.

416 — Lapidation de saint Étienne (mauvais état).

417 — Deux feuilles de missel encadrées.

www.ingramcontent.com/pod-product-compliance
Ingram Content Group UK Ltd.
Pitfield, Milton Keynes, MK11 3LW, UK
UKHW022132260726
13993UKWH00003B/1392

9 782329 495347